BEI GRIN MACHT SICH IHR
WISSEN BEZAHLT

- Wir veröffentlichen Ihre Hausarbeit,
  Bachelor- und Masterarbeit

- Ihr eigenes eBook und Buch -
  weltweit in allen wichtigen Shops

- Verdienen Sie an jedem Verkauf

Jetzt bei www.GRIN.com hochladen
und kostenlos publizieren

Bibliografische Information der Deutschen Nationalbibliothek:

Die Deutsche Bibliothek verzeichnet diese Publikation in der Deutschen National-
bibliografie; detaillierte bibliografische Daten sind im Internet über http://dnb.d-
nb.de/ abrufbar.

Impressum:

Copyright © 2014 GRIN Verlag
Druck und Bindung: Books on Demand GmbH, Norderstedt Germany
ISBN: 9783668879577

Dieses Buch bei GRIN:

https://www.grin.com/document/459505

Carina Schliekering

Guerilla Marketing als spezielle Form der Marken- und Produktwerbung

GRIN Verlag

GRIN - Your knowledge has value

Der GRIN Verlag publiziert seit 1998 wissenschaftliche Arbeiten von Studenten, Hochschullehrern und anderen Akademikern als eBook und gedrucktes Buch. Die Verlagswebsite www.grin.com ist die ideale Plattform zur Veröffentlichung von Hausarbeiten, Abschlussarbeiten, wissenschaftlichen Aufsätzen, Dissertationen und Fachbüchern.

Besuchen Sie uns im Internet:

http://www.grin.com/

http://www.facebook.com/grincom

http://www.twitter.com/grin_com

Facharbeit

Guerilla Marketing als spezielle Form der Marken-und Produktwer-
bung

Ist Guerilla Marketing eine effektive Alternative zu herkömmlichen Marketingstrategien?

Fach: Politik-Wirtschaft

Name der Schülerin: Carina Schliekering

Schuljahr: 2014/15

Inhaltsverzeichnis **Seite:**

Vorwort

Im Rahmen meiner Facharbeit werde ich mich mit dem Thema „*Guerilla Marketing*" beschäftigen. Guerilla Marketing ist ein neuer Trend in der Marketingbranche, der es zum Ziel hat, die Bevölkerung zu überraschen. Beim Guerilla Marketing wird nicht direkt über ein Produkt informiert und es hat auch nicht die Absicht die breite Masse zu erreichen. Trotzdem gewinnt Guerilla Marketing zunehmend an Aufmerksamkeit. Nicht umsonst beschäftigen sich seit Beginn des 21. Jahrhunderts zahlreiche Fachbücher, sowie wissenschaftliche Arbeiten mit dem Thema. Zu dem steigt die Zahl der erfolgreichen Guerilla-Kampagnen täglich, die zunehmend auch von nennenswerten Unternehmen, wie NIKE, The Coca-Cola Company oder McDonalds bedient werden.

Die neuen Chancen und Verwendungsmöglichkeiten dieser Werbeform sind es, die mich dabei interessieren und auch das Interesse der Gesellschaft wecken.

Das Ziel dieser Facharbeit ist es, ein klares Fazit auf die Fragestellung „*Ist Guerilla Marketing eine effektive Alternative zu herkömmlichen Marketing?*" treffen zu können.

Die Gesellschaft ist für Werbenachrichten nicht mehr empfänglich. Es ist zu beobachten, dass die Gesellschaft den Fernsehsender wechselt, sobald die Werbung im Fernseher beginnt. Es interessiert nicht mehr – es wird nicht mehr hin geguckt, da es immer das Gleiche ist. Langsam wissen Konsumenten welche Produkte Media Markt verkauft, dass Edeka Lebensmittel liebt und Thomas Gottschalk Haribo isst. Wenn nun aber The Coca-Cola Company an einem vollen Strand in Brasilien eine riesige Stranddusche in Form eines Getränkeautomaten aufstellt auf dem dick „Sprite" steht, guckt man als Besucher dieses Strandes hin. Nicht weil darauf „Sprite" steht, sondern wegen der Aktion.[1]

Zuerst werden die herkömmlichen Marketingstrategien, sowie der Marketingmix behandelt, da das Guerilla Marketing darauf aufbaut. Das Hauptthema „*Guerilla Marketing*" wird ausführlich beleuchtet, d.h. alle Instrumente des Marketings, so wie sie Guerilla Marketing

---

1   Vgl. http://pacificpromotions.edublogs.org/2013/12/02/soda-shower/

beeinflussen, werden erläutert und vor allem Besonderheiten und die neuen Ziele hervorgehoben. Um dann zu einem Fazit zu kommen wird in der Facharbeit die Effektivität von Werbung behandelt. Im Zusammenhang damit wird die AIDA-Formel erklärt. Für die Erarbeitung dieser Punkte wurden mehrere Fachbücher, Studienarbeiten und Internetquellen (für Beispiele) verwendet.

1 Konventionelles Marketing

„Unter Marketing versteht man die Planung, Organisation, Durchführung und Kontrolle sämtlicher Unternehmensaktivitäten, welche darauf abzielen, durch eine konsequente Ausrichtung des eigenen Leistungsprogramms an den Wünschen der Kunden die absatzmarktorientierten Unternehmensziele zu erreichen."[2]

Andreas Scharf, Bernd Schubert und Patrick Hehns Definition des Marketings, die von den Ausführungen M. Bruhns in seinem Buch „ Marketing- Grundlagen für Studium und Praxis" von 2009 inspiriert wurde, beschreibt die wesentlichen Aspekte des Marketing. Allerdings stehen hinter den Oberbegriffen, wie Planung, Organisation, Durchführung oder Unternehmensziele etwas viel komplexeres als es zuerst klingt.

1.1 Zielfindung

Zur Planung gehört vor allem eine Zielfindung. Um herauszufinden welche Ziele erreicht werden sollen gibt es mehrere Kategorien die berücksichtigt werden müssen.

1. Der erste Punkt ist die Kundenorientierung. Hierbei handelt es sich um ein dreistufiges System. Zuerst wird erforscht wie sich die Bedürfnisse der Kunden in der letzten Zeit verändert haben. Hier geht es sowohl um Grund-, Kultur- und Luxusbedürfnisse (Individualbedürfnisse), sowie Kollektivbedürfnisse.[3] Die ermittelten Bedürfnisse, die kaufbar sind rücken in den Vordergrund und werden dann den Möglichkeiten des Unternehmens (ihren Ressourcen und Kompetenzen, z.B.

---

2   Andreas Scharf / Bernd Schubert / Patrick Hehn, 2009, S.4
3   Unter Kollektivbedürfnissen versteht man den Wunsch nach einer gemeinschaftlichen / volkswirtschaftlichen Lösung eines Problems (z.B eine angemessene Krankenversicherung, Infrastruktur oder Sicherheit).

modernere Produktionsanlagen) angepasst. Zuletzt wird die tatsächliche Nachfrage auf dem Markt getestet.[4]

2. Damit Marketingziele nicht unklar werden, ist es wichtig sowohl Produkt-und Markenwerbung konkret zu gestalten. Hierbei werden vier Kriterien beachtet:

- Zielinhalt: Hier wird formuliert, was die geplante Marketingkampagne erreichen soll, d.h. welche Produkte oder Marken einen höheren Bekanntheitsgrad bekommen sollen.

- Zielausmaß: Dabei wird geklärt wie stark der Umsatz und/oder der Bekanntheitsgrad durch die Kampagne gesteigert werden soll. Das Ziel kann punktuell, unbegrenzt oder in einer bestimmten Spanne definiert sein.

- Zielperiode: Hier wird festgelegt in welchem Zeitraum oder zu welchem Zeitpunkt das Zielausmaß erreicht werden soll.

- Zielbereich: Hier wird eingegrenzt in welchem Bereich das Ziel erreicht werden soll. Es kann sich hier um Regionen, Kundengruppen, Geschäftsfelder, Marken oder das ganze Unternehmen handeln.[5]

1.2 Marketingstrategien

In Punkt 1.1 bin ich darauf eingegangen welche Maßnahmen hinter dem Oberbegriff der Planung stehen. Nun komme ich dazu, was sich hinter der Organisation verbirgt.

Die Marketingstrategien sind das Bindeglied zwischen den Marketingzielen und dem Marketingmix, der später noch Beachtung findet.

Ganz generell bestimmen diese Strategien den Rahmen der Marketingkampagne. Hier geht es um Entscheidungen, die das zukünftige Vorgehen bestimmen, also auch langfristig angelegt sind. Ihre Wirkung tritt stufenweise ein, ist aber auch schwer zu korrigieren.[6]

Es gibt zwei große Gruppen von Marketingstrategien. Zum einen sind es die abnehmerorientierten, zum anderen die konkurrenzorientierten Strategien. Die konkurrenzorientierten Marketingstrategien

---

4   Vgl. Andreas Scharf / Bernd Schubert / Patrick Hehn, 2009,S.3
5   Vgl. Andreas Scharf / Bernd Schubert / Patrick Hehn, 2009,S. 182f
6   Vgl. Scharf / Schubert / Hehn, a.a.O., S.188

unterscheiden sich aber nur gering von den abnehmerorientierten Marketingstrategien, die später erläutert werden. Der Unterschied ist lediglich, dass hier der bestmögliche Wettbewerbsvorteil für das Unternehmen im Vordergrund steht und die Strategien zu diesem Vorteil leicht geändert werden.

Eine der wichtigsten Marketingstrategien ist die *Marktfeldstrategie.* Sie spezialisiert sich auf die Produkt-/Markt-Kombination, d.h. es wird geschaut welche Produkte auf welchem Markt angeboten werden. Eine Möglichkeit ist es, ein bekanntes Produkt auf einem erforschten Markt anzubieten, um den Markt dort ganz zu durchdringen (Marktdurchdringung).

Eine andere Möglichkeit ist es, bestehende Produkte auf neuen Märkten anzubieten, um neue Kundengruppen zu gewinnen (Marktentwicklung). Eine weitere Möglichkeit ist die Produktentwicklung. Dabei wird ein neues, verändertes oder nachgemachtes Produkt (einer anderen Marke wie z.B. Coca Cola) auf dem durchdrungenen Markt angeboten. Die letzte Möglichkeit ist es ein ganz neues Produkt auf einen nicht etablierten Markt zu bringen (Diversifikation).[7]

Eine weitere Marketingstrategie ist die *Marktstimulierungsstrategie.* Sie zielt auf eine bestimmte Marktschicht ab. Die Marktschichten definieren sich als Preiskäufer (niedrige Marktschicht) oder Markenkäufer (mittlere/obere Marktschicht). Beim Preiswettbewerb hält man den Preis eines Produktes so niedrig wie möglich, allerdings sind hier die Produktionsstandards nur zu einem Mindestmaß erfüllt. Dieses Phänomen nennt man auch Preis-Mengen-Strategie. Bei dem Qualitätswettbewerb geht es nicht um den Preis, sondern um die Standards und vor allem Zusatzleistungen eines Produktes. Die Qualität eines Produktes an die Kundenwünsche anzupassen, dass dafür ein hoher Preis verlangt werden kann, nennt sich Präferenzstrategie.[8]

Die *Marktparzellierungsstrategie* bestimmt in welchem Maß der Marketingmix auf eine oder mehrere Kundengruppen ausgerichtet wird. Bei dem Massenmarketing wird ein Marketingmix auf den Gesamtmarkt angewendet, während bei den Marktsegmentierungsstra-

---

7 Vgl. Andreas Scharf / Bernd Schubert / Patrick Hehn, 2009,S.189ff
8 Vgl. Scharf / Schubert / Hehn, a.a.O., S.199ff

tegien der Gesamtmarkt in Segmente aufgeteilt wird. Hierbei werden entweder verschiedene Teile des Marketing-Mixes auf verschiedene Segmente zugeschnitten (differenziertes Marketing), oder es wird ein Segment ausgesucht, auf das jenes Konzept anwendet wird (konzentriertes Marketing). Die Segmentierung hat zum Ziel, eine hohe Identität zwischen der Kundengruppe und dem Produkt herzustellen.[9]

Die *Marktarealstrategie* ist die letzte Marketingstrategie, die in dieser Facharbeit behandelt wird. Sie bezieht sich auf die Markterschließung national bis global. Hierbei helfen auch Tochterfirmen im Ausland. Eine Erklärung der genauen Strategien ist hier nicht notwendig und wird deshalb in der Facharbeit nicht behandelt.[10]

1.3 Der Marketing-Mix

Nachdem in 1.2 die Oberbegriffe der Planung und Organisation dargelegt wurden, folgt an dieser Stelle die Durchführung. Dieser Aspekt ist vom Marketing-Mix bestimmt. Anders als die Marketingstrategien ist die Durchführung eher taktisch und kurzfristig orientiert. Die Wirkung des Marketing-Mix ist so sofort zu bemerken und bei Mängeln dann auch schnell korrigierbar.[11]

Wie der Begriff schon vermuten lässt, handelt es sich hier um ein Zusammenspiel mehrerer absatzpolitischer Komponenten, der sogenannten vier „P's". Diese setzen sich aus den englischen Worten Product, Price, Place und Promotion zusammen. In Deutschland entspricht das der Produkt-, Preis-, Vertriebs- und Kommunikationspolitik.[12]

Die Produktpolitik beschäftigt sich mit allen Überlegungen, Entscheidungen und Handlungen, die mit dem Produkt oder der Dienstleistung zu tun haben. Dazu gehören beispielsweise die Sortimentplanung, die Produktgestaltung und die Verpackung. Unternehmen haben dann entweder die Möglichkeit ihr Angebot breit aufzufächern (Angebotsbreite) oder ein bestimmtes Angebot in verschiedenen Variationen zu vertiefen (Angebotstiefe).[13]

---

9   Vgl. Scharf / Schubert / Hehn, a.a.O., S.206ff
10 Vgl. Scharf / Schubert / Hehn, a.a.O., S.216ff
11 Vgl. Andreas Scharf / Bernd Schubert / Patrick Hehn, 2009, S.188
12 Vgl. Holger Hansen, 2005, S. 2f
13 Vgl. Hansen, a.a.O., S.3

Die Preispolitik umfasst alle Entscheidungen über den Preis des Produktes, sowie mögliche Rabatte oder Zahlungsbedingungen. Der Preis wird in der Preispolitik vom Prinzip des Angebots und der Nachfrage bestimmt. Die Möglichkeiten für das Unternehmen, Kunden auf ihr Angebot aufmerksam zu machen unterteilen sich in die Anpassung ihres Produkts an das Preisniveau[14] oder die Preisdifferenzierung [15]von anderen Marktteilnehmern.[16]

Die Vertriebspolitik beinhaltet alle Entscheidungen und Handlungen, die sich mit dem Weg eines Produktes vom Anbieter zum Verbraucher beschäftigen. Hierbei stellt sich vor allem die Frage, ob das Produkt oder die Dienstleistung klassisch, in Verkaufsstätten wie dem Fachgeschäft angeboten werden, oder wie bei Versandhäusern direkt zum Kunden geliefert werden.

Die Kommunikationspolitik ist das Mittel des Marketingmix ein Produkt bekannt zu machen und die Bevölkerung darüber zu informieren. Instrumente hierfür sind z.b. Werbung, der persönliche Verkauf, Sponsoring, Öffentlichkeitsarbeit, Markenpolitik[17] und die Kommunikation der Kunden untereinander. Hilfreich für die Werbung sind vor allem auch Social Media oder TV-Werbung.[18]

1.4 Probleme des konventionellen Marketings

Das größte Problem des konventionellen Marketings ist weitgehend bekannt: Konventionelles Marketing ist für Konsumenten nicht mehr ansprechend genug. Die Werbung ist durch das Werbevolumen abgenutzt und wird zudem noch als Störfaktor von der Gesellschaft aufgenommen. Bei TV-Werbung wird dieses besonders deutlich. Die Werbung unterbricht den Film und wird dadurch als negativ wahrgenommen.

Aus diesem Hauptproblem resultieren weitere Probleme. Zum einen ist es der hohe Streuverlust. Das bedeutet der Aufwand der betrie-

---

14 Das Preisniveau ist der Durchschnitt aller volkswirtschaftlichen Preise. Es steht im umgekehrten Verhältnis zur Kaufkraft uns muss darum möglichst stabil gehalten werden.
15 Bei der Preisdifferenzierung verlangen Unternehmen für ein gleiches Angebot unterschiedliche Preise.
16 Vgl. Holger Hansen, 2005, S.4f
17 Die Markenpolitik hat es zum Ziel einem Angebot den eigenständigen Charakter eines Markenartikels zu verleihen, um einen monopolähnlichen Status zum Schutz vor einem Preiswettbewerb zu erlangen.
18 Vgl. Holger Hansen, 2005, S.3-7

ben wurde, führt nur zu wenig Umsatzsteigerung oder einem wenig wachsenden Bekanntheitsgrad. Es ist anzunehmen, dass die Werbekampagnen für die geringe Wirkung, die sie erzielen zu kostspielig sind. Zum anderen führt das von Werbung „genervt sein" zu gefälschten Kampagnen, Parodien und im schlimmsten Fall zu einem Imageschaden.[19]

2 Guerilla Marketing

2.1 Begriff und Wurzeln

Der Begriff „Guerilla" hat seinen Ursprung im spanischen Unabhängigkeitskrieg (1807-1814). Der Begriff, der übersetzt „Kleinkrieg" bedeutet, steht eigentlich für eine bewaffnete Erhebung von kleinen und irregulären Verbänden gegen eine feindliche und übermächtige Armee. Diese kleinen Gruppen die sich „Guerilleros" nennen, mieteten im Unabhängigkeitskrieg den offenen Kampf mit dem überlegenden Feind und setzten auf Überraschungsangriffe bzw. Angriffe aus dem Hinterhalt und Sabotage.[20]

Der kubanische Revolutionär Ernesto Che Guevara prägte den Begriff besonders in den 50er Jahren. In seinem Buch „Guerilla Warfare" betont er die Guerillataktik vor allem als gezielte Taktik mit Überraschungseffekt zu der Schnelligkeit, Beweglichkeit und Flexibilität gehört.[21] [22]

Auf das Marketing übertragen, ist die Guerillataktik eine konzentrierte, ungewöhnliche Taktik, die durch den Überraschungseffekt bei ihrer Zielgruppe Aufmerksamkeit erregt.[23]

19 Vgl. Johannes Faatz, 2006, S.21ff
20 Vgl. Anja Steinhoff / Amelie Stöhr / Tim Barschat, 2014, S.9
21 Vgl. Anja Steinhoff / Amelie Stöhr / Tim Barschat, 2014, S.9
22 Vgl. F. Hubner / F. Meyer / A. Weihrauch, 2012, S.152
23 Vgl. Daniela Puttenat, 2007, S.142

2.2 Prinzipien und Besonderheiten

Eine eindeutige Definition des Begriffes „Guerilla Marketing" zu finden ist nicht leicht. Viele Autoren, die sich mit dem Thema beschäftigen, beschreiben dieses neuartige Phänomen nur skizzenhaft. So auch Jonathan Margolis und Patrick Garrigan:

„Guerilla Marketing ist eine Version des Marketings, bei der man mit Verbrauchern auf fesselnde und - ganz wichtig - unerwartete Weise in Kontakt tritt."[24]

Einzig Thorsten Schulte und Marcus Pradel schaffen es, eine sehr deutliche Definition zu finden:

„Guerilla-Marketing ist die Kunst, den von Werbung übersättigten Konsumenten größtmögliche Aufmerksamkeit durch unkonventionelles bzw. originelles Marketing zu entlocken. Dazu ist es notwendig, dass sich der Guerilla-Marketeer möglichst (aber nicht zwingend) außerhalb der klassischen Werbekanäle und Marketing-Traditionen bewegt."[25]

Diese Definition lässt schon Prinzipien und vor allem Besonderheiten des Guerilla Marketings vermuten.

Da der Markt nur so von Werbung überflutet ist, müssen sich Unternehmen auf modernere Marketingtaktiken einlassen, um ihre potentiellen Kunden überhaupt noch zu erreichen. Guerilla Marketing setzt hier auf ein breites Band an neuen Möglichkeiten. Produkte werden in dieser Form des Marketingmix vermehrt auf die Kundenwünsche ausgerichtet, denn der Kundennutzen steht an oberster Stelle.[26] Nur was bringt einem ein super Produkt, wenn keiner davon weiß? Hier gibt es für Guerilleros natürlich die Möglichkeit auf die klassischen Erfolgsgrößen, wie die Kapitalstärke, die Marktmacht und die Größe zurückzugreifen, aber dann wäre es noch lange kein Guerilla Marketing. Die eigentliche Stärke dieser Taktik ist es, den Kunden ein Erlebnis zu bieten, das sie nicht so schnell vergessen. Durch die neu gebotene Flexibilität, Kreativität, den Einfallsreichtum und vor allem der Unkonventionalität[27] werden die Kunden

---

24 Jonathan Margolis / Patrick Garrigan,2010, S. 31
25 Thorsten Schulte / Marcus Pradel, 2006, S. 18
26 Vgl. Jay Conrad Levinson / Seth Godin, 2000,S.15
27 Hier ist nicht nur die Absetzung von konventionellen Marketingstrategien gemeint, sondern auch die Absetzung von den Erwartungen zu der beworbenen Produktkategorie.

überrascht und auf das Produkt aufmerksam.[28] So gelingt es einem Unternehmen ihre Zielgruppe persönlich anzusprechen und eine Beziehung zu ihnen aufzubauen. Genau dieser Grundlage verdankt das Guerilla Marketing die Bezeichnung als „Beziehungsmarketing". Ein persönliches Erleben der Werbung führt bei Kunden natürlich auch dazu, dass sie ihr Erlebnis über Social Media oder per Mundpropaganda weitertragen und so die Bekanntheit des Produkts rasant steigt. Ist eine Aktion so groß und vor allem Aufmerksamkeit erregend, dass sie sogar in die Schlagzeilen kommt, hat ein Guerillero gewonnen. Dieses Prinzip ist eine weitere Stärke des Guerilla Marketings.[29]

Eine ausschlaggebende Besonderheit ist, dass diese Form von Marketing für alle Unternehmensgrößen Möglichkeiten bietet, was auch heißt, dass das Budget hier keine tragende Rolle einnimmt. Gearbeitet wird hier, wie schon bei den kleinen revolutionären Gruppen im spanischen Unabhängigkeitskrieg, nach dem Motto „Mach das beste aus deiner Situation".[30]

Ein weiteres Motto Guerilla Marketings ist wohl „Individuelles für Individuen", denn diese moderne Form der Werbung spricht nicht alle Zielgruppen von 0 bis 99 Jahren an, sondern eher Individuen, wie sie sich in der jüngeren Generation bis zum mittleren Alter befinden.[31]

Guerilleros wissen, dass man Geduld braucht um Erfolg zu haben, auch wenn sie dafür jeden Kunden persönlich von ihrem Produkt überzeugen müssen. Das soll aber nicht das ausschlaggebende Merkmal dieser Werbeform sein, denn dieses ist neben der Marktpositionierung (abgesetzt vom Marktführer), der Schwerpunkt, der sich vom Werbevolumen auf die Wirkung der Werbebotschaft verschiebt.[32]

Diese ganzen Besonderheiten, die Guerilla Marketing so von konventionellen Marketing Methoden absetzen, lassen eine komplizierte Planung bzw. ein kompliziertes Prinzip vermuten, dabei ist dieses ziemlich einfach: Zuerst wird das Ziel ermittelt, dann schaut man wo

---

28 Vgl. F. Hubner / F. Meyer / A. Weihrauch, 2012, S.152f
29 Vgl. Jonathan Margolis / Patrick Garrigan, 2010, S. 25-39
30 Ebd.
31 Vgl. Jay Conrad Levinson / Seth Godin, 2000,S.7
32 Vgl. Levinson / Godin, a.a.O., S.14f

und wie die Werbebotschaft am besten wirkt und schließlich schlägt man überraschend und wirkungsvoll zu.[33]

2.3 Guerilla Marketing im Marketingmix

Im Punkt „Marketingmix" wurden die vier prägenden Instrumente Preis-, Produkt-,Vertriebs- und Kommunikationspolitik im herkömmlichen Sinne erläutert. Auch das Guerilla Marketing nimmt Einfluss auf diese vier. Allerdings kommt dabei letzterem Instrument vielmehr Bedeutung zu, denn etwa 70% aller Guerilla-Aktionen finden ihren Ursprung als Kommunikationsmaßnahme. Den anderen drei Aspekten kommt jeweils 10% der Aufmerksamkeit zu.[34]

2.3.1 Kommunikationspolitik

Wie in Punkt 2.3 schon beschrieben, wird der Kommunikationspolitik in der Werbeform „Guerilla Marketing" die meiste Aufmerksamkeit geschenkt. Da in diesem Rahmen die meisten Aktionen stattfinden, haben sich hier vier verschiedene Formen der Durchführung entwickelt. Das Ambush-Marketing, das Ambient-Marketing, das Sensation-Marketing und das Viral-Marketing.

Der englische Begriff „Ambush" bedeutet übersetzt so viel wie „Hinterhalt". Diese Form der Werbung konzentriert sich darauf Aufmerksamkeit bei medialen Großereignissen, bevorzugt Live-Events wie den Olympischen Spielen zu bekommen, ohne selber Sponsor des Events zu sein. So können die Unternehmen vermeiden große Summen dafür zu bezahlen, um überhaupt als Sponsor in Erscheinung treten zu dürfen. Bei diesen rechtlich umstrittenen Marketingkampagnen werden beispielsweise Firmennamen oder Logos genutzt, um die Aufmerksamkeit auf ein Produkt zu lenken. Eine Methode bei Fußballspielen ist der Flitzer, der nackt über das Spielfeld läuft. Denn wie bei allen Guerilla-Kampagnen gilt, umso verrückter und überraschender die Aktion, desto größer ist die Aufmerksamkeit der Zielgruppe. Zur Veranschaulichung dient hier das Beispiel in Abbildung 1. Es zeigt eine Ambush-Kampange bei den Olympischen Spielen im Jahr 1996.

---

33 Vgl. Jonathan Margolis / Patrick Garrigan, 2010, S.36
34 Vgl. Anja Steinhoff / Amelie Stöhr / Tim Barschat, 2014, S.21

Ziel ist es mit dem Event in Verbindung gebracht zu werden und am besten die gleichen Vorteile zu haben wie der offizielle Sponsor.

Die Nachwirkungen des *Ambush Marketing* sind allerdings schwer abzuschätzen.[35]

Abb. 1: Bei TV-Interviews zu den Olympischen Spielen im Jahr 1996 in Atlanta trug der erfolgreiche Sprinter Linford Christie Kontaktlinsen mit dem PUMA-Logo. Doch der offizielle Sponsor der Olympischen-Spiele war NIKE.[36]

Das *Ambient Marketing* zeichnet sich dadurch aus, dass es ihrer Zielgruppe (im Alter von 16-35 Jahren) dort begegnet, wo sie sich am meisten aufhält und damit in ihrem direkten Lebensraum Platz nimmt (Out-of-Home). Dort wird es meistens als angenehm und originell empfunden.

Um einen Überraschungseffekt zu erzielen, werden Ambient Maß-nahmen häufig dort ausgeführt wo die Konsumenten nicht damit rechnen, dadurch bleibt die Aktion nachhaltig im Kopf.

Obwohl bei dieser Werbeform nur buchbare Flächen genutzt wer den können, ist diese Form auch mit einem geringen Budget durch-führbar und überall möglich. Eine beliebte Variante ist hier, Zebra-streifen zu einem Eyecatcher mit Wiedererkennungseffekt zu gestal-ten. Auch McDonalds bedient sich, wie die Abbildung 2 zeigt, an dieser Variante.

Ein weiterer Vorteil ist, dass diese Kampagnen planbar und auch wiederholbar sind.[37]

Abb. 2: McDonalds benutzt ebenfalls Ambient Marketing um auf sich aufmerksam zu machen.
In den USA wandelten sie einen Zebrastreifen kurzerhand in Pommes von McDonalds um.[38]

35 Vgl. Anja Steinhoff / Amelie Stöhr / Tim Barschat, 2014, S.13
36 Vgl. http://4.bp.blogspot.com/-FHzJ-WQOWJ0/UIWDCK3xpKI/AAAAAAAAB_c/Jo6aYF_9wuA/s1600/linford-7350971350712-51742.jpg
37 Vgl. Steinhoff / Stöhr / Barschat, a.a.O., S.12

Das *Sensation Marketing* ähnelt dem Ambient Marketing sehr. Diese Werbeform nutzt auch die Möglichkeit des Out-of-Home um seine Zielgruppe dort zu überraschen, wo sie sich gerne aufhalten. Die wesentlichen Unterschiede sind zum einen, dass diese Aktionen einzigartig und nicht wiederholbar sind, da sie sich von allem gewöhnlichen abgrenzen, um den bestmöglichen Effekt zu erzielen. Des Weiteren findet die Werbung hier auf nicht buchbaren Flächen statt. Das gewünschte Ziel ist es, ein emotionales Erlebnis für den Einzelnen hervorzurufen und dabei am besten noch wirkungsvolle Medienpräsenz und kostenlose Publicity zu gewinnen.[39]

Das letzte Instrument innerhalb der Kommunikation ist das *Viral Marketing*. Dieses nutzt den Kunden selber als Werbeträger, denn hier wird darauf gesetzt, dass die Kunden durch Mundpropaganda oder Social Media den Bekanntheitsgrad des Produktes rasant steigern. Hierzu muss nur eine einzigartige Kampagne mit viel Unterhaltungswert gegeben werden. Weitere Möglichkeiten um den Werbeeffekt zu verstärken, sind es vor allem im Internet im Zusammenhang mit dem Produkt zu provozieren oder auch Wettbewerbe, Spiele oder Werbegags zu erfinden, die im direkten Zusammenhang zum Werbeobjekt stehen, sobald dieses im Gespräch zwischen den Usern ist. Die vielen Möglichkeiten die sich im Internet bieten zeigen, dass das Internet eines der wichtigsten Werbekanäle für Virales Marketing ist. Neben dem Internet gibt es auch noch die Möglichkeit der Printmedien auf Bussen, Bahnen, Plakaten oder Flyern. In Abbildung 3 nutzt der Kopenhagener Zoo ein öffentlichen Verkehrsmittel für seine Zwecke.

Den besten Werbeeffekt erzielt ein Unternehmen allerdings dadurch, digitale und analoge Mittel miteinander zu kombinieren. Gerade bei dieser Werbeform muss die Aktion ausgefallen sein, um Erfolg zu erzielen.

Solche Methoden setzen darauf kein oder wenig Geld für die Werbung ihres Produktes auszugeben.[40]

---

38 Vgl. http://www.marketingfish.de/typo3temp/pics/43c7339c6a.jpg
39 Vgl. Anja Steinhoff / Amelie Stöhr / Tim Barschat, 2014, S. 14
40 Vgl. Steinhoff / Stöhr / Barschat, a.a.O.,S.16

Abb. 3: Der Kopenhagener Zoo benutzt die Möglichkeit der Printmedien im Viral-Marketing. Allerdings dienen hier keine Flyer als Werbefläche sondern ein öffentlicher Bus.[41]

2.3.2 Produktpolitik (Guerilla Producting)

Unter dem Fachbegriff „Guerilla Producting" sind alle möglichen Gestaltungen des Produktes zusammengefasst. Auch hier geht es darum das Produkt besonders originell und ausgefallen zu präsentieren, damit es sich von der Masse abhebt. Hierbei kann sowohl die Art der Verpackung eines alltäglichen Produktes neu konzipiert oder das Produkt selbst revolutioniert werden. Ziel ist es durch visuelle, akustische oder olfaktorische[42] Faktoren ein exklusives Produkt zu gestalten, das jeder haben will.[43]

Ein Beispiel für eine besondere Verpackungsart liefert die Firma Spreewald. Diese verkauft ihre Essiggurken nicht wie gewöhnlich im Glas, sondern in Ring-Pull-Dosen als eine Art Gurke-to-go. Dieses innovative Konzept lässt die Nachfrage steigen, da oftmals niemand der unterwegs Lust auf eine Essiggurke hat, ein ganzes Glas kaufen und tragen möchte.[44]

2.3.3 Vertriebspolitik (Guerilla Distributing)

Bei dieser Guerilla Taktik wird der Verkaufsweg beeinflusst, d.h. es werden Wege bereit gestellt an ein Produkt zu gelangen, die es sonst nicht in diesem Maß gibt. Dabei können Verkaufszeiten, Verkaufsorte, sowie alle Faktoren, die mit der Bereitstellung des Produktes (z.B. Lieferung oder andere Zusatzleistungen) im Zusammenhang stehen, variieren.

---

41 Vgl. http://www.baerpm.com/blog/?p=1158
42 Lat. Olfactum=riechen. Das Adjektiv beschreibt hier einen, den Geruchsnerv betreffenden Faktor.
43 Vgl. Anja Steinhoff / Amelie Stöhr / Tim Barschat, 2014,S. 21
44 Vgl. http://www.spreewald-praesente.de/lebensmittel-shop/obst-und-gemuese/gurken/gurken-snack-get-one-die-gewuerzgurke-aus-der-dose-1-gurke-100-g/a-1013/

Diese Methode wird oft bei Produkten angewendet, die nicht mehr durch die Senkung des Kaufpreises oder ähnliches attraktiv gemacht werden können.[45]

Ein bekanntes Beispiel liefert ein Verlag, welcher seinen Kunden die Möglichkeit gab, sich den 6. Harry Potter Band in der Nacht der Veröffentlichung zwischen 0:00 Uhr und 2:00 Uhr liefern zu lassen. Harry Potter-Fans, die wochenlang auf diesen Tag gewartet hatten, hatten somit die Möglichkeit, noch vor Ladenöffnung das Buch in den Händen zu halten. Durch die Lieferung zu einer thematisch passenden Uhrzeit kommt beim Kunden ein Gefühl auf, das Spannung und Nervenkitzel hervorruft.

2.3.4 Preispolitik (Guerilla Pricing)

Bei dem Guerilla Pricing gibt es keine Erklärung, die den Unterschied zwischen der konventionellen Preispolitik und der Guerilla Version deutlich veranschaulicht. Wie beschrieben beschäftigt sich die Preispolitik mit dem möglichen Kaufpreis, Rabattaktionen und weiteren Möglichkeiten das Produkt durch ein gutes preisliches Angebot schmackhaft zu machen. [46]

Hier ist ein Beispiel, das den Unterschied deutlich macht.

„Drypers", ein US-Amerikanischer Konzern von Babywindeln ist ein gutes Beispiel für die Taktik des Guerilla Pricing. Er trat bei seiner Eröffnung mit einer Niedrigpreisstrategie an den Markt (Preisdifferenzierung, wie im konventionellen Marketing-Mix). Sein schon etablierter Konkurrent „Procter & Gamble" reagierte auf diese aggressive Preisstrategie mit einer Kampagne, bei der er seinen Kunden zwei Dollar Rabatt pro Verpackungseinheit garantierte. „Drypers" fehlte für ähnliche medienwirksame Aktionen das Budget. Deshalb entschied sich „Drypers" dazu Zeitungsanzeigen zu schalten und die Wertcoupons von ihrem Konkurrenten auch für eigene Produkte zu akzeptieren (Guerilla Pricing). Der Marktanteil von „Drypers" stieg innerhalb von wenigen Wochen um 15 Prozent. Der Aufwand den „Drypers" betrieben hatte, war dabei aber wesentlich günstiger als die Aktion die P&G durchführte.[47]

---

45 Vgl. Anja Steinhoff / Amelie Stöhr / Tim Barschat, 2014,, S. 22
46 Vgl. Holger Hansen, 2005, S.4f
47 Vgl. Gerd Nufer, 2003,S.23f

2.4 Risiken des Guerilla Marketings

Guerilleros handeln nach dem Alles oder Nichts-Prinzip. Dieses Prinzip erklärt auch die Risiken, die sich bei dieser Werbeform herauskristallisieren.

Obwohl die meisten Guerilla-Werbungen gut bei den Konsumenten ankommen, gibt es auch wenige, die negativ aufgenommen werden. Das Problem ist, dass diese Auswirkung besonders beim Viral Marketing schwer steuerbar sind. Negatives verbreitet sich aber leider viel schneller als positives. Da die Kontrolle fehlt, kommt es dann schnell zu Parodien oder sonstige Formen von gefälschten Kampagnen. Distanziert sich das Unternehmen dann nicht rechtzeitig von solchen Kampagnen, kann es zum Imageschaden kommen. Außerdem bewegen sich Guerilleros oft in moralischen und rechtlichen Grauzonen. Da es hier häufig zu Strafen kommen kann, müssen alle möglichen Szenarien und erforderlichen Reaktionen auf solche Auswirkungen im Vorfeld ausführlich geplant sein.[48]

---

48 Vgl. Johannes Faatz, 2006, S.21ff

3 Werbeeffekt messen

Um später zu einem Fazit kommen zu können, verlangt es die Fragestellung zuerst einmal darzulegen, wie man den Werbeeffekt überhaupt misst.

Als erstes muss gesagt werden, dass es sehr schwer ist den Erfolg des Marketingkonzeptes festzustellen. Auch wenn man positive oder negative Effekte bei den Umsatzzahlen feststellt, lässt sich der Erfolg nicht gezielt auf die Werbekampagne oder eine verwendete Methode in der Kampagne zurückführen, da ein Marketingkonzept sich an allen Marketingmix Formen bedient. Zusätzlich muss noch die wirtschaftliche Gesamtlage, die Werbekraft der Konkurrenz und das Verhalten der Verbraucher berücksichtigt werden.

Letztendlich wollen alle Unternehmen bei ihrer Werbung nur die AIDA Formel erfüllen. Diese Formel beinhaltet:

- **A**ttention- die Erregung von Aufmerksamkeit
- **I**nterest- das Wecken von Interesse
- **D**esire- den Wunsch nach dem Produkt bei den Kunden auslösen
- **A**ction- den Kaufvorgang bei den Kunden auslösen

Diesem System fehlt noch ein bedeutender Buchstabe, das „S":

- **S**atisfaction- die Schaffung von zufriedenen Kunden, um die Kunden an sich zu binden

Hier können vor allem durch Beobachtungen, Befragung und Aktionen die Wahrnehmung, die Erinnerung, die Bekanntheit, die Sympathie, die Verwendung, die Kaufbereitschaft und die Kauf auslösenden Faktoren bestimmt werden.[49]

---

[49] Vgl. Klaus S. Kastin, 2008, S.391ff

4 Fazit

Zu Beginn meiner Facharbeit habe ich mich gefragt, ob Guerilla Marketing eine ernsthafte, also effektive Alternative zu konventionellen Marketingstrategien darstellt.

Die Vorteile sind deutlich. Die Werbeform wird von Konsumenten, in Zeiten der völligen Werbeüberflutung, als erfrischend wahrgenommen. „Das konventionelle Marketing ruft bei immer mehr Kunden eher Abneigung als Vertrauen hervor - klassische Werbeformen scheinen überholt."[50], so der Kampagnenmanager der „Hamburger Sparkasse AG", Björn Instinsky. Durch die Abneigung gegenüber Werbung bauen Konsumenten zunehmend ein Werbevermeidungsverhalten auf, welches durch die unkonventionellen Aktionen, dem hervorgerufenen Überraschungseffekt und dem bewirkten angenehmen Gefühl des Guerilla Marketings scheinbar umgangen werden kann.

Durch das Teilen von Erlebnissen, die im Zusammenhang mit originellen Werbungen stehen, verbreitet der Konsument, als Werbeträger, die Aktion noch über die Grenzen des Austragungsortes hinaus.

Allerdings muss auch erwähnt werden, dass Guerilla Marketing viele Risiken birgt. Beispielsweise, sind die Reaktionen der Konsumenten, vor allem beim Viral Marketing, nicht steuerbar und können im schlimmsten Fall zum Imageschaden führen. Außerdem werden, um in der Masse aufzufallen, auch oft moralische und besonders rechtliche Grenzen überschritten, die dann zu Strafen führen können.

Hier muss jeder für sich entscheiden, ob er den Vor- oder Nachteilen mehr Gewichtung verleiht. Ich für meinen Teil habe die Meinung, dass alles Risiken birgt. Beispielsweise können auch konventionelle Werbekampagnen einen Imageschaden hervorrufen, wenn diese negativ aufgenommen werden.

Ich sehe Guerilla Marketing im Moment als willkommene Abwechslung und damit noch als effektive Alternative zu herkömmlichen Werbeformen.

Wie die Worte „im Moment" oder „noch" schon andeuten, sehe ich die Effektivität von Guerilla Marketing als zeitlich begrenzt. Ich den-

---

50 http://about.me/bjoern_instinsky

ke, auch diese Werbeform wird der Übersättigung früher oder später zum Opfer fallen und dann vor dem Problem der Abnutzung stehen, wie es konventionelles Marketing heute tut.

Literaturverzeichnis

Barschat, Tim / Steinhoff, Anja / Stöhr, Amelie	Guerilla Marketing-innovatives Konzept?. Studienarbeit. Bielefeld 2014: Fachhochschule der Wirtschaft Bielefeld.
Bender, Manuel / Nufer, Gerd	Guerilla Marketing. C. Rennok, & G. Nufer, Hrsg. Reutlingen 2008.
Faatz, Johannes	Guerilla Marketing. Konzepte, Chancen, Risiken, Studienarbeit, Reutlingen 2006:Hochschule Reutlingen.
Garrigan, Patrick / Margolis, Jonathan	*Guerilla Marketing für Dummies* (Bd. 1). Weinheim 2010: WILEY-VCH Verlag GmbH & Co.
Godin, Seth / Levinson, Jay Conrad	*Das Guerilla Marketing Handbuch.* Frankfurt/Main 2000: Heyne Campus Verlag.
Hansen, Holger	*Marketing und Vertrieb des Produktes. Der Marketing-Mix* (Bd. 1). 2005, Grin Verlag.
Hehn, Patrick / Scharf, Andreas / Schubert, Bernd	*Marketing Einführung in Theorie und Praxis* (Bd. 4). Stuttgart 2009: Schäffer-Poeschel Verlag.
Hubner, F. / Meyer, F. / Weihrauch, A.	Guerilla-Marketing-Aktionen. In H. H. Bauer/ D. Heinrich, & M. Samak, *Erlebniskommunikation. Erfolgsfaktoren für die Marketingpraxis.* Heidelberg 2012: Springer-Verlag.
Instinsky, Björn	Björn Instinsky. Marketing anders verstehen.[Online]. Verfügbar unter: http://about.me/bjoern_instinsky [03.05.2014]
Kastin, Karl K.	*Marktforschung mit einfachen Mitteln* (Bd. 3). 2008: Deutscher Taschenbuch Verlag.
Pradel, Macel / Schulte, Thorsten	*Guerilla Marketing für Unternehmertypen.* 2006.
Puttenat, Daniela	*Praxishandbuch Presse- und Öffentlichkeitsarbeit* (Bd. 1). Wiesbaden 2007: GABLER-Verlag.
Spreewald Praesente	Gurken Snack Get On. Die Gewürzgurke aus der Dose.[Online]. Verfügbar unter: http://www.spreewald-praesente.de/lebensmittel-shop/obst-und-gemuese/gurken/gurken-snack-get-one-die-gewuerzgurke-aus-der-dose-1-gurke-100-g/a-1013/ [30.04. 2014]
Unbekannt	*Soda Shower!*.[Online]. Verfügbar unter: http://pacificpromotions.edublogs.org/2013/12/02/soda-shower/ [02.12.2013]

Abbildungsverzeichnis

BEI GRIN MACHT SICH IHR WISSEN BEZAHLT

- Wir veröffentlichen Ihre Hausarbeit, Bachelor- und Masterarbeit

- Ihr eigenes eBook und Buch - weltweit in allen wichtigen Shops

- Verdienen Sie an jedem Verkauf

Jetzt bei www.GRIN.com hochladen und kostenlos publizieren